BEI GRIN MACHT SICH IHR
WISSEN BEZAHLT

AF152754

- Wir veröffentlichen Ihre Hausarbeit,
  Bachelor- und Masterarbeit

- Ihr eigenes eBook und Buch -
  weltweit in allen wichtigen Shops

- Verdienen Sie an jedem Verkauf

Jetzt bei www.GRIN.com hochladen
und kostenlos publizieren

Assuntina Kampmann

Ioannes Paulus PP. II - Das Leben von Karol Józef Wojtyła

GRIN Verlag

Bibliografische Information der Deutschen Nationalbibliothek:

Die Deutsche Bibliothek verzeichnet diese Publikation in der Deutschen National-
bibliografie; detaillierte bibliografische Daten sind im Internet über http://dnb.d-
nb.de/ abrufbar.

Impressum:

Copyright © 2011 GRIN Verlag GmbH
Druck und Bindung: Books on Demand GmbH, Norderstedt Germany
ISBN: 978-3-656-03058-4

Dieses Buch bei GRIN:

http://www.grin.com/de/e-book/180311/ioannes-paulus-pp-ii-das-leben-von-karol-
jozef-wojtyla

GRIN - Your knowledge has value

Der GRIN Verlag publiziert seit 1998 wissenschaftliche Arbeiten von Studenten, Hochschullehrern und anderen Akademikern als eBook und gedrucktes Buch. Die Verlagswebsite www.grin.com ist die ideale Plattform zur Veröffentlichung von Hausarbeiten, Abschlussarbeiten, wissenschaftlichen Aufsätzen, Dissertationen und Fachbüchern.

Besuchen Sie uns im Internet:

http://www.grin.com/

http://www.facebook.com/grincom

http://www.twitter.com/grin_com

Ioannes Paulus PP. II - Karol Józef Wojtyła

geschrieben von Assuntina Kampmann

4. Fachsemester

Katholische Hochschule für Sozialwesen Berlin

Seminar: 05.2 Menschen in den Bedrängnissen und Hoffnungen ihrer
                  Lebenswelten

Ioannes Paulus PP. II - Karol Józef Wojtyła

1. Einleitung

„Globetrotter-Papst"[1,] „Medienpapst"[2,] „Eiliger Vater"[3,] „Papa Coraggio"[4] so erinnern sich die Gläubigen an Papst Johannes Paul II. zurück. Ein Mann, der trotz seiner Krankheit in seinem Leben vieles geleistet hat und somit auch ein Symbol des Friedens und der Versöhnung wurde.

Auch ich erinnere mich an diesen Mann mit einem Lächeln auf dem Gesicht. Einen Grund, weshalb ich gerade Papst Johannes Paul II. zum Thema meines Referates gewählt habe, möchte ich hier kurz erläutern: Johannes Paul II. war für mich „der" Papst gewesen, es gab für mich keinen anderen. Durch sein Wirken und Handeln hat er nicht nur die Menschen ansatzweise zum Frieden gelenkt, sondern auch die Jugendlichen durch die Weltjugendtage, wie Jesus die Kinder zu sich gerufen. *(„Jesus aber rief die Kinder zu sich und sagte: Lasst die Kinder zu mir kommen; hindert sie nicht daran! Denn Menschen wie ihnen gehört das Reich Gottes")*[5] Außerdem hat er sie zum Glauben bewegt.

Im Rahmen dieser Ausarbeitung möchte ich als Erstes das Leben dieses Mannes erhellen.

Den zweiten Schwerpunkt werde ich auf sein Wirken und Handeln in der Welt legen, spezifisch für seinen Einsatz für Polen und zuletzt, als dritten Schwerpunkt, auf die Seligsprechung und den dazugehörigen Prozess des ehemaligen Papstes Johannes Paul II. am 01. Mai. 2011 eingehen.

Anmerken möchte ich allerdings, dass die Jahreszahlen bzw. Eckdaten von Quelle zu Quelle unterschiedlich dargelegt werden und diese sich von einigen Tagen bis zu einem Jahr verschieben können.

---

[1] Zit. Globetrotter - Papst wegen seiner Reiselust
http://www.noiperloro.org/MissioneeSviluppo/tabid/306/ItemID/2537/ViewArticle/True/
FromArchive/True/Page/298/language/de-DE/Default.aspx (25.06.2011).
[2] Zit. Wegen seiner häufigen Erscheinung in den Medien
http://www.bpb.de/publikationen/VUFARM,1,0,Der_Papst_als_Medienstar.html (25.06.2011).
[3] Zit. Wegen der schnellen Einleitung des Seligsprechungsprozesses
http://www.morgenweb.de/service/archiv/artikel/715822988.html (25.06.2011).
[4] Zit. Wegen seines Mutes sich gegen den Kommunismus und der Politik zu stellen.
http://www.repubblica.it/2005/d/sezioni/esteri/papa10/corpoindi/corpoindi.html (25.06.2011).
[5] Zit. Die Bibel: Einheitsübersetzung Gesamtausgabe, Luk. 18,16.

2. Das Leben von Karol Józef Wojtyła

2.1 Kindheit und Jugend

Der bürgerliche Name von Papst Johannes Paul II., welchen er am 18. Mai 1920 bei seiner Geburt in Wadowice (Polen) von seinen Eltern bekommen hat, war Karol Józef Wojtyła. Karol wurde nach seinem Vater und nach dem Nationalhelden Marschall Pilsudski, der den Krieg gegen Sowjet-Russland zu der Zeit führte genannt. Wadowice ist ein kleiner Ort, mit 15.000[6] Einwohnern, 40 Kilometer westlich von Krakau und ca. 30 Kilometer von Auschwitz. Karol kam als jüngster von drei Kindern zur Welt. Seine ältere Schwester Olga hat Karol Józef Wojtyła nie kennengelernt, diese starb sechs Jahre vor seiner Geburt im Alter von nur ein paar Tagen. Schon in frühen Jahren gab es einschneidende Erlebnisse. Mit neun Jahren starb seine Mutter Emilia Kaczorowska (* „26. März 1884")[7], Näherin[8], an Nierenleiden[9]. Auch seinen Bruder Edmund (* „27. August 1906")[10] verlor er drei Jahre nach seiner Mutter an einer Scharlach-Epidemie, als dieser als Arzt in Bielitz (heutiges Bielsko -Biała) arbeitete.

Ein markantes Merkmal von Karol Józef Wojtyła war das positive Verhältnis zum Judentum. Wadowice und Krakau waren bis zum Zweiten Weltkrieg stark durch die jüdische Kultur beeinflusst. In der Schule kam diese Beeinflussung oft zum Vorschein: Häufig wurden Fußballturniere zwischen jüdischen und katholischen Teams organisiert und Karol sprang bei Spielermangel des jüdischen Teams selbst als Spieler ein.

Ab 1930 besuchte er das Gymnasium „Marcin Wadowita"[11]. Dort wirkte er ab 1934 bei Theateraufführungen der Schule mit. Nach Beendigung der Schule schrieb er sich an der Jagiellonen – Universität für Philosophie und polnische Literatur ein und siedelte daraufhin mit seinem Vater nach Krakau.

---

[6] Vgl. Johannes Paul II. Biografie, S.12.
[7] Zit.
http://www.vatican.va/news_services/press/documentazione/documents/santopadre_biografie/
giovanni_paolo_ii_biografia_prepontificato_it.html (26.06.2011).
[8] Vgl. Johannes Paul II: Das Geheimnis des Karol Wojtyla, S. 25.
[9] Ebd. S.26.
[10] Vgl. Johannes Paul II. Biografie, S.12.
[11] Vgl. Ebd.

Während seines Studiums in Krakau schloss er sich der Experimentaltheatergruppe Studio 39 (andere Quellen besagen „Studio 38") an unter der Leitung von Tadeusz Kwiatkowski und verfasste unter dem Pseudonym „Andrzej Jawien" poetische Texte und Theaterstücke u.a. der Ratgeber von Verlobten und Ehepaaren „Liebe und Verantwortung", die Komödie „der Laden des Goldschmieds" und das dreiteilige Drama „Jeremiasz". Gewählt worden ist dieses Pseudonym, um seine priesterliche Sendung von der literarischen Aktivität getrennt zu halten. Bis nach dem Tod seines Vaters wurde sein Engagement beim Theater größer und wirkte intensiver mit.

Ein Jahr nach seinem Umzug mit seinem Vater nach Krakau, wurde Polen am 1. September 1939 besetzt und der Zweite Weltkrieg durch das Einmarschieren der deutschen Wehrmacht in Krakau ausgerufen. Die Folgen des Ausbruchs des Zweiten Weltkrieges waren verheerend. Zu einem wurde die Jagiellonen – Universität geschlossen und die Professoren in das Konzentrationslager Sachsenhausen abtransportiert[12]. Andererseits musste er, um nicht ins Arbeitslager nach Deutschland deportiert zu werden, im Steinbruch Takrzowe Zakrowek bei Krakau arbeiten, welches zur Chemiefabrik Solvay gehört.

Während der Verpflichtung im Steinbruch lernte er 1940 Jan Tyranowski kennen, ein Mann, welcher die geheime Gebetsgruppe, „Lebendiger Rosenkranz" ins Leben gerufen hatte. Dieser hatte ihn in seiner spirituellen Entwicklung entscheidend geprägt.[13] Einen weiteren Schicksalsschlag traf ihn am 18. Februar 1941, als er seinen Vater Karol Wojtyła (*18. Juli 1879), einen ehemaligen Unteroffizier des habsburgischen Heeres, nach der Arbeit leblos in seiner Wohnung auffand[14]. Da er alle geliebten Personen verloren hatte, nahm ihn die Familie von Mieczyslaw Kotlarczyk, ein Dozent der polnischen Literatur, der sich ebenfalls beim Theater engagierte, bei sich auf. Zusammen mit Kotlarcyk gründete er das „Rhapsodie-Theater" auch genannt das „Theater des lebendigen Wortes". Das Rhapsodie-Theater ist „[...] eine Form des friedlichen Widerstandes und der

---

[12] Vgl. Johannes Paul II. Biografie, S.19.
[13] Ebd.
[14] Ebd. S.21.

Verteidigung der polnischen Kultur gegen die Nazi-Invasoren[...]"[15]. Im selben Jahr wurde er in die Speisesodafabrik „Solvay" versetzt. Ab 1942 bemerkte der Dozent und Freund des jungen Karol Veränderungen. Hinsichtlich dieser Veränderungen teilte Karol dem Kardinal Sapieha seine Intention mit, sich dem Priestertum anzuschließen. Im selben Jahr, also 1942, begann er die geheimen Vorlesungen an der theologischen Fakultät an der geschlossenen Jagiellonen - Universität zu besuchen. Gleichzeitig war er ein Priesterseminarist der Erzdiözese Krakau.

Das Priesterseminar wurde geheim gehalten, da die nationalsozialistischen Behörden nur die Studien erlaubten, die bis 1939 bereits bestanden.

Nebenbei arbeitete Karol im Steinbruch um nicht entdeckt zu werden. Vor der Arbeit diente er jeden Morgen als Messdiener in der Privatkapelle des Kardinales Sapieha. 1943 trat er letztmalig im von den Nationalsozialisten verbotenen Theater auf. 1944 wurde er während der Arbeit von einem LKW angefahren und schwer verletzt. Kardinal Sapieha beschloss die Priesterseminaristen in seine Residenz unterzubringen, um ihnen das Studium der Theologie weiterhin zu ermöglichen. Da er sich zum Zeitpunkt der Gefangennahme nicht im Steinbruch befand, wurde er für mehrere Monate von der Gestapo gesucht und durch einen Freund von der Liste der Arbeiter in der Sodafabrik gestrichen. Erst dann ließen sie von ihm ab.

Kurz vor seiner Priesterweihe wurde Krakau durch die Rote Armee am 18. Januar 1945 von den Nationalsozialisten befreit. Dies bedeutete für Polen das Ende des Zweiten Weltkrieges.

2.2 Priesteramt und Lehrstuhl

An Allerheiligen im Jahre 1946 empfing Karol Józef Wojtyła in der Privatkapelle des Kardinals Sapieha das Sakrament der Priesterweihe und feiert einen Tag später (Allerseelen) in Gedenken an seine verstorbenen Eltern die Primiz.

In seiner eigenen Biografie „Geschenk und Geheimnis" nennt er selbst den Grund für die Wahl des Priesteramtes:

---

[15] Zit. Ebd.

„Angesichts des Umsichgreifens des Bösen und der Gräuel des Krieges wurde mir der Sinn des Priestertums und seiner Sendung in der Welt immer klarer. Der Ausbruch des Krieges schnitt mich vom Studium und vom Universitätsgeschehen ab. Zu der Zeit verlor ich meinen Vater, den letzten Menschen, der mit von meinen engsten Angehörigen geblieben war auch das brachte, objektiverweise, einen Prozess der Abkehr von meinen früheren Plänen mit sich; es war irgendwie, als würde ich dem Boden entwurzelt, auf dem bis dahin mein Menschsein gewachsen war. Dabei handelte es sich jedoch nicht um einen rein negativen Prozess. Denn gleichzeitig erschien vor meinem Bewusstsein immer klarer ein Licht: Der Herr will dass ich Priester werde. Eines Tages verstand ich es mit aller Klarheit."[16]

15 Tage nach seiner Priesterweihe begab er sich auf Anordnung des Kardinals an das „Angelicum", die Universität der römischen Dominikaner um seine Studien weiterzuführen. Am 3. Juli 1947 erwarb er das Lizenziat der Theologie und ging ein Jahr später, 1948, als Doktor der Theologie (Doctor Sacrae Theologiae) zurück nach Polen um seine erste Gemeinde in Niegowić zu übernehmen. Niegowić ist ein kleines Dorf etwa 50 Kilometer östlich von Krakau entfernt.

Im März 1949 wurde er vom Erzbischof nach Krakau gerufen, um dort die Gemeinde St. Florian im Universitätsviertel zu leiten. In der Zeit, in der er die Gemeinde St. Florian leitete, organisierte er Bildungskurse für Familien und Brautpaare. Unterstützte ebenfalls die „fliegenden Universitäten" (geheime Kurse auf Universitätsniveau in Klöstern und Kirchen) und gründet die Gruppe „Srodowisko" (Umwelt) um die Jugendlichen an die Natur heranzuführen. Mit den Jugendlichen verbrachte er die Ferien in der Natur und um nicht aufzufallen legte den Talar ab. [17]

1953 gab es eine große Veränderung für Polen: der Tod Stalins und somit die Verstärkung des Kommunismus. Viele Priester und Kardinäle wurden gefangen genommen, auch die Zeitung, an der Karol Józef Wojtyła unter einem Pseudonym Artikel schreibt, wurde verboten. Die theologische Fakultät, an der er sowohl studiert hat, als auch Dozent für Sozialethik und Philosophie ist, wurde von der Jagellonen-Universität ausgeschlossen. Erhielt aber kurze Zeit später den Lehrstuhl für Moraltheologie an der katholischen Universität in Lublin. 1955

---

[16] Geschenk und Geheimnis – Zum 50. Jahr meiner Priesterweihe S. 42f.
[17] Vgl. Johannes Paul II. Biografie, S.24f.

habilitierte er schließlich an der katholischen Universität und behielt dort bis zu seiner Wahl zum Papst den Lehrstuhl für Sozialethik.

2.3 Seine Priesterlaufbahn

Am 28. September 1958 wurde er mit nur 38 Jahren zum jüngsten Bischof Polens auf Betreiben von Papst Pius XII. geweiht.den Wahlspruch der Hingabe der Muttergottes, welches er auch als Papst weiterhin benutzte, lautete: *Totus Tuus ego sum et omnia mea Tua sunt. Accipio Te in mea omnia. Parebe mibi cor Tuum, Maria"[18]* (Ich bin ganz dein, und alles was mein ist, ist dein. Ich habe dich erwählt zu meinem Besten. Schenke mir dein Herz, Maria).

Zwischen 1962 und 1965 wirkte er aktiv am 2. Vatikanischen Konzil in Rom mit. Dies war seine erste Rückkehr nach Rom seit 1948. Schwerpunkte dieses Wirkens am Konzil waren die Würde des Menschen, Familie und Ökumene, Religionsfreiheit und die zeitgemäße Verkündigung kirchlicher Lehren. Die Texte sind in den Konzilsdokumenten „Gaudium et Spes" (Freude und Hoffnung) und „Dignitatis humanae" zu finden.

Bezüglich des Ökumenismus schlägt er vor: *„den Akzent weniger auf das Trennende, sondern mehr auf das Verbindende zu legen, er möchte dass Berufung und Verantwortung der Laien in der Kirche mehr hervortreten können, er verlangt eine Reform des Breviergebetes und eine Wiederbelebung der Liturgie, er regt an – als Antwort auf den zunehmenden Materialismus-, dass die Ethik auf dem christlichen Personalismus beruhen soll."[19]*

Auf dem 2. Vatikanischem Konzil wurde Karol zum Sprecher des polnischen Episkopats gewählt. Zudem war er eines von dreizehn Mitgliedern der „Studienkommission für die Probleme des Bevölkerungswachstums, der Familie und der Geburtenkontrolle". Hinzukam dass er in der Unterkommission saß und das „Schema XIII." ausarbeiten sollte (Text des „Gaudium et Spes").[20]

---

[18] Zit. Geschenk und Geheimnis – Zum 50. Jahr meiner Priesterweihe S. 38.
[19] Zit. Johannes Paul II. Biografie, S. 35.
[20] Vgl. Ebd.

Am 8. März 1964 wurde er zum Erzbischof von Krakau ernannt und erhielt am 28. Juni 1967, den Kardinalstitel.[21]

1974, kurz vor seiner Wahl zum Papst, besuchte er zum letzten Mal die Bundesrepublik Deutschland und feierte in der Nähe des Konzentrationslagers Dachau die Heilige Messe, mit dem Versuch der deutsch – polnischen Versöhnung. Dies wurde sowohl von den Polen als auch von den Deutschen stark kritisiert. Dadurch erhielt er den Spitznamen „Papa Coraggio" (Siehe S.1).

2.4 Pontifikat – Stuhl Petri - Petrusamt

Am 16. Oktober 1978 stieg um 18.17 weißer Rauch aus dem Kamin der Sixtinischen Kapelle in Rom. Gegen 17.20 stellte sich Kardinal-Carmelengo Jean Villot vor den Gewählten mit der Frage ob er die Wahl annehmen möchte.

Um 18. 43 Uhr wurde auf dem Balkon der Spruch:

„Annuntio vobis gaudium magnum; habemus Papam: Eminentissimum ac Reverendissimum Dominum, Dominum Karolum Sanctae Romanae Ecclesiae Cardinalem Wojtyła, qui sibi nomen imposti Ioannis Pauli Secundum "[22]

verkündet. Um 19.35, zeigte sich der neugewählte, mit nur 58 Jahren jüngste Papst Johannes Paul II. den Gläubigen auf dem Petersplatz. Im 8. Wahlgang mit 99 von 111 Stimmen (andere Quellen besagen 91 Stimmen) wurde Karol Józef Wojtyła im Konklave zum Papst gewählt.

Unerwartet sprach der erste slawische und nicht-italienische Papst seit 1522 zur Menge:

„Gelobt sei Jesus Christus! Liebe Brüder und Schwestern, wir alles sind nach dem Tod unseres viel geliebten Papstes Johannes Paul I. noch von tiefem Schmerz erfüllt. Die hochwürdigen Kardinäle haben nun einen neuen Bischof für Rom berufen. Sie haben ihn aus einem fernen Land geholt ... fern, aber dennoch immer nahe durch die Gemeinschaft im Glauben und in der christlichen Tradition. Ich hatte Angst diese Wahl anzunehmen, aber ich tat es im Geist des Gehorsams gegenüber unserem Herrn Jesus Christus und im vollen Vertrauen zu seiner allerheiligsten Mutter der Madonna. Ich weiß nicht, ob ich mich in eurer...in unserer Sprache gut ausdrücken kann. Wenn ich Fehler mache, verbessert mich! Und so stelle ich mich euch allen vor., um unseren gemeinsamen Glauben, unsere Hoffnung, unser Vertrauen zur Mutter Christi und der Kirche zu bekennen, und

---

[21] Vgl. Johannes Paul II: Das Geheimnis des Karol Wojtyla, S. 375.
[22] Zit. http://www.parrocchiagavarnorinnovata.org/karol%20wojtyla/karol%20wojtyla%202.htm.

auch um von neuem auf jenem Weg der Geschichte der Kirche weiterzugeben, mit der Hilfe Gottes und mit der Hilfe der Menschen."[23]

Da das Leben des Papstes Johannes Paul II. sehr umfangreich ist und sein ganzes Leben den Rahmen dieser Arbeit sprengen würde, möchte ich noch kurz auf das Attentat auf dem Petersplatz am 13. Mai. 1981(andere Quellen besagen den 22. April) am Tag der Hl. Fatima eingehen.

Am 13. Mai um 17.17 Uhr begrüßte und segnete Papst Johannes Paul II. die Gläubigen auf dem Petersplatz. Unter den Gläubigen befand sich auch Ali Ağca ein gesuchter Mörder, der aus einem türkischen Gefängnis geflohen war. Dieser feuert um 17.19 Uhr, im Abstand von drei bis dreieinhalb Metern, zwei Schüsse ab. Eines der Projektile traf den Papst in den Unterleib, durchschlug das Kreuzbein und trat an den Lenden wieder aus und traf anschließend die amerikanische Touristin Anne Odre im Brustkorb. Das zweite Projektil, das wenige Sekunden später abgefeuert wurde, traf den Zeigefinger der linken Hand des Papstes, mit der er sich am Auto festhielt. Das zweite Projektil verletzte zudem seinen rechten Oberarm (Streifschuss nennt es das Gutachten) und traf anschließend eine andere Touristin ebenfalls am Arm. Beide Touristinnen wurden in das Heilig- Geist Krankenhaus eingeliefert. Anne Odre wurde die Milz entfernt überlebte nur dadurch, dass die Kugel den Unterleib des Papstes durchschlug.

Am 22. Juli 1981 wurde Ali Ağca zu lebenslänglichem Zuchthaus verurteilt. Spekulationen über die Hintergründe des Attentates gehen auf den KGB und den Islam zurück. Jedoch konnte nie geklärt werden, warum Ali Ağca dieses Attentat vornahm. Zwar konnten die Spuren bis zum bulgarischen Geheimdienst zurückverfolgt werden, verblassten jedoch anschließend.

Da das Attentat genau am Tag der Heiligen Fatima verübt worden war. Brachte er als Dank dafür, dass er überlebt hatte, der Hl. Fatima, im portugiesischen Wallfahrtsort eine goldene Krone als Geschenk dar. In dieser goldenen Krone war das Projektil, welches seinen Unterleib durschlagen hatte, eingearbeitet. Auch

---

[23] Zit. Johannes Paul II. Biografie, S. 54.

heute trägt die Heilige Fatima auf ihrem Kopf die Krone mit dem Projektil des Papstes. [24][25]

3. Einsatz für die Welt - Symbol des polnischen Widerstandes

„Symbol des polnischen Widerstandes", so erinnern sich die polnischen Gläubigen an ihren slawischen Papst. Mit der Wahl eines slawischen Papst wurden die Polen durch die Ansprache ermutigt:

„Brüder und Schwester! Fürchtet euch nicht, Christus zu empfangen und seine Herrschaft anzunehmen. Helft dem Papst und allen, die Christus und mit der Herrschaft Christi dem Menschen und der gesamten Menschheit dienen wollen. Habt keine Angst! Öffnet, ja reißt die Tore weit auf für Christus! Öffnet die Grenzen der Staaten, die wirtschaftlichen und politischen Systeme, die weiten Bereiche der Kultur, der Zivilisation und des Fortschritts seiner rettenden Macht. Habt keine Angst! Chrsitus weiß, „was im Inneren des Menschen ist". Er allein weiß es."[26]

Der Kreml (Amtssitz des Russischen Präsidenten in Moskau) war alarmiert.

Durch die Ansprache ruft der Papst die Polen zum gewaltlosen Widerstand gegen den Kommunismus auf. Den Höhepunkt der Ermutigung erreicht er durch den ersten Papstbesuch nach Polen vom 2. bis 10 Juni 1979. Er hatte durch seinen Auftritt ca. zwei Millionen Menschen um sich versammelt, mehr als es eine politische Partei in Polen je geschafft hat. Die Kirche schien von neuer Energie zu strotzen, als der Papst dem Sowjetischen Imperium den gewaltlosen Kampf ansagte. Eine Intention, die hinter diesem Kampf stand, war dass die Machthaber wissen sollten, dass die Polen ihren Glauben an Jesus Christus nicht aufgeben würden.

Für die polnischen Gläubigen war der Papst Johannes Paul mehr als nur ein Mensch: „Er war ein strahlender Held, eine Lichtgestalt, eine Figur, die schon in die Geschichte eingegangen war."[27] Papst Pius XII. (1939-1958) hat sich nie gegen die deutsche Wehrmacht gestellt, zur Shoa geschwiegen und Hitlers Helfer nicht exkommuniziert. Somit stand die katholische Kirche mit Papst Johannes Paul II. wieder auf der Seite der Armen und Schwachen und Machtlosen.

---

[24] Vgl. Johannes Paul II. Biografie, S. 118-128.
[25] Vgl. Johannes Paul II: Das Geheimnis des Karol Wojtyla, S. 36f.
[26] Zit. Johannes Paul II. Biografie, S. 63.
[27] Zit. Johannes Paul II: Das Geheimnis des Karol Wojtyla, S. 32.

Diese erste Pastoralreise des Papstes war die Geburtsstunde der Gewerkschaft der „Solidarnosć" (= Solidarität). Papst Johannes Paul hatte somit „Minen an die Fundamente des polnischen Kommunismus"[28] gelegt. Kurze Zeit später besetzten 17.000 Angestellte der Lenin-Werft unter der Leitung von Lech Wałęsa ihre Arbeitsplätze, welches dann aufs ganze Land überging. Innerhalb kurzer Zeit schlossen sich viele Menschen der Solidarnosć Gewerkschaft an. Am Morgen des Streiks wurde eine Messe in der Lenin-Werft gefeiert, mit einem Bild der Madonna von Tschenstochau und einem großen Bild des Papstes. Am 28. Oktober 1980 schloss die Tschechoslowakei die Grenzen zu Polen, da sie Angst hatte, dass die Solidarnosć auch auf die Tschechoslowakei übergreifen könnte. 1981 empfing Papst Johannes Paul den Führer der Gewerkschaft in einer Audienz. Im selben Jahr verschickte er ein Telegramm an den schwerkranken Stefan Wyszynski, Kardinal in Polen, in dem er schreibt, dass Polen das Recht hat, die Probleme selbst zu lösen und verweist auf die Schlussakte von Helsinki, die die UdSSR und der heilige Stuhl unterschrieben hatten, dass diese sich nicht in die Angelegenheiten anderer Länder fernzuhalten haben. Stefan Wyszynski selbst war der Vermittler zwischen der Gewerkschaft Solidarnosć und dem Papst.[29] Am Ende des Jahres 1981 wurde in Polen der Ausnahmezustand ausgerufen. Im selben Jahr fand in Polen ein Regierungswechsel statt, Stanislaw Kania wurde abgesetzt und Wojciech Jaruszelski übernahm die Macht. Als der Verdacht des Attentats an dem slawischen Papst im Mai 1981 auf das Sowjetreich fiel, eskalierte die Situation in Polen. Die Lebensmittelversorgung brach wegen des Streiks zusammen und daraufhin fällte Jaruzelski die Entscheidung alle 3,4 Millionen Telefone im Land stillzulegen. 1982 als Maximilian Kolbe als Märthyrer heilig gesprochen wurde, löste die Regierung Polens vier Tage vor der Heiligsprechung die Solidarnosć formell auf, indem der komplette Führungsstab festgenommen worden ist. Im Jahre 1982 wurde der Papst von der sowjetischen Nachrichtenagentur TASS beschuldigt für den Ausnahmezustand in Polen verantwortlich zu sein.

---

[28] Zit. Ebd. S.34.
[29] Vgl. http://www.bautz.de/bbkl/w/wyszynski.shtml (26.06.2011).

1983 reiste er erneut nach Polen. Jedoch versuchte die Polizei vor jedem Auftritt in der Öffentlichkeit die Menschen durch Kontrollen und Absperrungen zu verhindern, dass viele Menschen auf die Plätze gelangen. Die Regierung schaffte es, die Plätze leer aussehen zu lassen, jedoch hörte man hinter den Absperrungen den Namen des Papstes und den der Gewerkschaft Solidarność rufen.

In einem Gespräch zwischen Jaruzelski forderte der Papst die Freilassung des inhaftierten Solidarność Führungsstabes. Jaruzelski gestattete dem Papst nur ein privates Treffen mit Lech Wałęsa, worauf der Papst entgegnete, dass es mit dem Papst keine privaten Treffen gäbe.

1983 wurde der Ausnahmezustand durch Jaruzelski offiziell aufgehoben, doch die Polizei behielt die Sonderrechte. Im Oktober desselben Jahres erhielt Lech Wałęsa den Friedensnobelpreis. Er durfte den Preis, auf Anordnung von Jaruzelski, allerdings nicht entgegennehmen. 1985 kam Gorbatschow an die Macht und 1987 trat der Papst seine dritte Reise nach Polen an. Zudem fordert er die Einhaltung der Menschenrechte. 1989 brach der Kommunismus nach jahrelangem Widerstand zusammen und auch der „Eiserne Vorhang" fiel. Mit dem Fall der Mauer am 09. November 1989 endete auch der kalte Krieg in Europa.[30] [31]

4. Seligsprechung

Am 2. April 2005 um 21.37 verstarb der Papst infolge seiner Krankheiten wie z. B. der Parkinsonkrankheit.

Sechs Tage später, am 08. April 2005, fand das Requiem mit ca. 3,5 Millionen Menschen statt. Circa drei Monate später, am 28. Juni 2005 wurde der Seligsprechungsprozess eröffnet. Kirchenrechtlich wird dieser Prozess erst 5 Jahre nach dem Tod einer Person eröffnet. Dies ist der Grund, weshalb er auch den Spitznamen „Eiliger Vater" trägt.

Die Seligsprechung oder auch Beatifikation (lat. beatus „glücklich" facere „machen, tun") genannt ist ein Verfahren, bei dessen Abschluss der Seliggesprochene öffentlich verehrt und als Seliger bezeichnet werden darf.

---

[30] Vgl. Johannes Paul II: Das Geheimnis des Karol Wojtyla, S. 32 – 39.
[31] Vgl. Johannes Paul II. Biografie, S. 132 – 159.

Die Verehrung wird durch eine Reliquie, in diesem Falle eine Ampulle Blut des Verstorbenen, vergegenwärtigt. Die Reliquie ist nicht nur zur Verehrung da, sondern auch um den Seligen zu vergegenwärtigen.[32]

Die Seligkeit ist allerdings ein Unterschied zur Heiligkeit. Denn bei der Seligkeit ist die Verehrung nur auf lokaler Ebene gestattet.

Um Seliggesprochen zu werden muss der zu Seligsprechende einige Voraussetzungen erfüllen: Zu einem den „Ruf der Heiligkeit". Diesen hatte Papst Johannes Paul schon durch seine Anziehungskraft der vielen Menschen zu Lebzeiten erfüllt. Durch diese Anziehungskraft wurden auch, ungewollt, die Weltjugendtage ins Leben gerufen, die alle drei Jahre in verschiedenen Ländern stattfinden.

Eine weitere Anforderung des Seligsprechungsprozesses ist das Wunder, welches auf den zu Seligsprechenden zurückzuführen ist.[33]

Diese zweite Vorraussetzung war das Wunder von Marie Simon Pierre. Marie Simon Pierre ist eine französische Ordensschwester, die an der selben Parkinsonkrankheit wie der Papst litt. Diese Krankheit war bei ihr so stark ausgeprägt, dass sie, als Linkshänderin nicht mehr schreiben konnte. Daraufhin betete sie zum verstorbenen Papst Johannes Paul II. und wurde zwei Monate später, am seinem Todestag, vollkommen geheilt.

Als dritte Voraussetzung muss der heroische Tugendgrad, das Leben in Liebe, Hoffnung und Glaube, mit der Titelvergabe „Ehrwürdiger Diener Gottes" erteilt werden. Diesen hat er im Jahre 2009 verliehen bekommen.[34]

Ein weiterer Punkt welcher geprüft werden muss, ist das Vorhandensein der Kardinalstugenden wie Weisheit, Klugheit und Tapferkeit.

Die Kardinalstugenden wurden ebenfalls bei Papst Johannes Paul ebenfalls gefunden.

2010 kam der Seligsprechungsprozess ins Wanken, da eine freundschaftliche Verbindung zum Priester Marcial Maciel Degollado festgestellt wurde. Dieser

---

[32] Vgl. http://www.heiligenlexikon.de/Glossar/Reliquien.html (26.06.2011).
[33] http://www.wdr.de/wissen/wdr_wissen/programmtipps/fernsehen/11/04/27_2345_e.php5 (26.06.2011).
[34] Vgl. http://www.kath.net/detail.php?id=24976 (26.06.2011).

Priester wurde für sein Handeln gelobt trotz des Wissens des Papstes, dass auf ihn ein Verdacht von Kindesmissbrauch lag.

Am 14. Januar 2011 wurde der Tag der Seligsprechung bekannt gegeben und am 1. Mai 2011 durch Papst Benedikt XVI. auf dem Petersplatz in Rom selig gesprochen.

Der Tag, welcher dem seligen Papst Johannes Paul II. zum Gedenken zugeteilt worden ist, ist der 22. Oktober.[35]

5. Fazit

In dieser Ausarbeitung habe ich versucht, das Leben des seligen Papst Johannes Paul zu erhellen und meinen Kommilitonen und Kommilitoninnen durch das vorangegangene Referat näher zu bringen.

Wichtig erschien mir jedoch sein Wirken, denn er hat durch die Zusprechung von Mut, die Menschen zum Widerstand bewegt, sich gegen den Kommunismus zu stellen.

Der selige Papst Johannes Paul war und bleibt auch noch nach seinem Tode der Befreier Polens.

Ich selber habe diesen Mann persönlich kennenlernen dürfen, als er zu Besuch auf die Insel Ischia, im Mai 2002, kam. Dort hatte ich die Möglichkeit mich kurz mit ihm zu unterhalten, als ich bei der Gabenbereitung die Gaben zum Altar brachte.

Dies ist ebenfalls ein Grund, weshalb ich mich, wie in der Einleitung bereits erwähnt, mit einem Lächeln an ihn erinnere. Dieser Mann hat meiner Meinung nicht nur Polen befreit, sondern auch Wunder vollbracht. Anbei kann ich mich den Jugendlichen und jungen Erwachsenen anschließen, die „Santo subito" (ital. Heilig, und zwar sofort) diesem Mann zurufen.

---

[35] Vgl. http://www.vaticanhistory.de/wordpress/?p=3463 (26.06.2011).

6. Quellenangabe

Literatur

Auf den Spuren von Johannes Paul II. in Polen
Meetschen Stefan, Kisslegg : Fe-Medienverl.-GmbH, 2011, 1. Aufl.

Die Bibel: Einheitsübersetzung Gesamtausgabe
Katholisches Bibelwerk; Auflage: 1; Oktober 2006

Duden
Bd. 01. Die deutsche Rechtschreibung
Bibliographisches Institut, Mannheim; Auflage: Neuauflage, August 2010

Geschenk und Geheimnis – Zum 50. Jahr meiner Priesterweihe
Johannes Paul II. Styria Verlag, Graz 1997

Johannes Paul II.
Feldmann, Christian , - Freiburg, Br. : Herder, 2011, Überarb. Neuausg.

Johannes Paul II. Biografie
Accattoli, Luigi, Komet Verlag GmbH, Köln, 2005

Johannes Paul II. Bilder aus dem Leben des Papstes
Giansanti, Gianni, Nebel Verlag GmbH, Erlangen / Utting Sonderausgabe 1996

Johannes Paul II: Das Geheimnis des Karol Wojtyla
Englisch, Andreas, Ullstein Tb; 5. Auflage. (April 2005)

Online

Biografie Pre - Pontifex
http://www.vatican.va/news_services/press/documentazione/documents/santopadr
e_biografie/giovanni_paolo_ii_biografia_prepontificato_it.html (26.06.2011)

Die letzten Tage und Stunden im Leben Papst Johannes Pauls II. (1920-2005)
http://www.zenit.org/article-9343?l=german (29.06.11)
Eiliger Vater
http://www.morgenweb.de/service/archiv/artikel/715822988.html (25.06.2011)

Globetrotter-Papst
http://www.noiperloro.org/MissioneeSviluppo/tabid/306/ItemID/2537/ViewArticle/Tr
ue/FromArchive/True/Page/298/language/de-DE/Default.aspx (25.06.2011)

„[…] Habemus Papam […]"

http://www.parrocchiagavarnorinnovata.org/karol%20wojtyla/karol%20wojtyla%20
2.htm (26.06.2011)

Kurzbiografie
http://www.vatican.va/news_services/press/documentazione/documents/santopadr
e_biografie/giovanni_paolo_ii_biografia_breve_it.html (26.06.2011)

Eine unselige Verbindung
http://www.fr-online.de/politik/eine-unselige-verbindung/-/1472596/4748524/-
/view/asFirstTeaser/-/index.html (25.06.11)

Heroischer Tugendgrad von Johannes Paul II. und Pius XII. anerkannt!
http://www.kath.net/detail.php?id=24976 (28.06.11)

Homepage des Vatikans
http://www.vatican.va/holy_father/john_paul_ii/index_ge.htm (29.06.11)

Medienpapst
http://www.bpb.de/publikationen/VUFARM,1,0,Der_Papst_als_Medienstar.html
(25.06.2011)

Papa Coraggio
http://www.repubblica.it/2005/d/sezioni/esteri/papa10/corpoindi/corpoindi.html
(25.06.2011)

Stefan Wyszynski
http://www.bautz.de/bbkl/w/wyszynski.shtml (26.06.2011)

Voraussetzungen Seligsprechungsverfahren
http://www.barbara-weigand.de/seligsprechungsverfahren.html (26.06.2011)

Wunder von Johannes Paul II.
http://www.sueddeutsche.de/politik/wegen-angeblicher-wunderheilung-papst-will-
johannes-paul-ii-seligsprechen-1.1046543 (26.06.2011)

http://www.wdr.de/wissen/wdr_wissen/programmtipps/fernsehen/11/04/27_2345_e
.php5 (26.06.2011)